*भारत भूषण अग्रवाल पुरस्कार से सम्मानित कृति*

# अपनी केवल धार

(कविता-संग्रह)

# अपनी केवल धार

सारा लोहा उन लोगों का
अपनी केवल धार

अरुण कमल

वाणी प्रकाशन

वाणी प्रकाशन
*4695, 21-ए, दरियागंज, नयी दिल्ली 110 002*

शाखा ..

*अशोक राजपथ, पटना 800 004*

फ़ोन: +91 11 23273167 फ़ैक्स: +91 11 23275710

www.vaniprakashan.in
vaniprakashan@gmail.com

APANI KEVAL DHAR
*by* Arun Kamal

ISBN : 978-81-8143-973-4
Collection of Poems



संस्करण 2004, 2006
आवृत्ति 2012
मूल्य : ₹ 150



*मेहरा ऑफ़सेट, नयी दिल्ली-110002 में मुद्रित*

*वाणी प्रकाशन का लोगो मक़बूल फ़िदा हुसेन की कूची से*

अम्मा

और

बाबूजी को

# अनुक्रम

विनयपत्रिका दीन की बापु आप ही बाँचों
हिय हेरि तुलसि लिखी सो सुभाय सही करि
बहुरि पूँछिए पाँचों

**–तुलसीदास**

## जाना है

पहले भी देखा था यह फल
सूँघा था
चखा था बहुत बार
बचपन से ही

पर आज पहली बार जब देखा है
डाल पर पकते इस फल को
तभी जाना है असली रंग-स्वाद-गन्ध
इस छोटे-से फल के
धरती-आकाश तक फैले सम्बन्ध।

## यात्रा

रात के अँधेरे में दौड़ती जाती है पंजाब मेल
खिड़कियों से छुट-छुटकर गिरते हैं रोशनी के पट्टे
हवाएँ लोह झंझरियों-सी बजतीं।

तलहथियों की आड़ में बगलगीर मुसाफिर ने
सुलगायी माचिस
और उघारती गयी लौ चेहरे के अनगिनत रहस्य—
कलकत्ते के कारखाने में बहाल
    जलन्धर का एक मजदूर
जा रहा है वापस फिर काम पर,
छूट गया है मुल्क बहुत दूर
बस तलवों में बाकी है
थोड़ी-सी धूल पंजाब की।

दौड़ती जाती है पंजाब मेल—
पच्छिम से पूरब, पच्छिम से पूरब।

"पंजाब तो बहुत खुशहाल है, निहाल सिंह ?
सुनते हैं लोग वहाँ दूध और मट्ठे से तर हैं,
                निहाल सिंह ?
फिर तुम क्यों जाते हो पश्चिम बंगाल,
            बोलो, निहाल सिंह ?"

"कौन नहीं चाहता जहाँ जिस जमीन उगे
मिट्टी बन जाय वहीं,
पर दोमट नहीं, तपता हुआ रेत ही है घर
तरबूज का,
जहाँ निभे जिन्दगी वही घर वही गाँव।"

फैलता जाता है धुआँ
लोहे की छातियों को धोता जाता है धुआँ,
खिड़कियों से झाँकता है पंजाबी मजदूर
दूर अन्धकार गहन गसा अन्धकार
कहीं-कहीं बसे रोशनियों के परिवार
और यहाँ पंजाबियों से भरा हुआ डब्बा
पंजाबी मर्द, पंजाबी लड़कियाँ, औरतें, बच्चे
सब के सब जा रहे हैं वापस फिर काम पर,
ये परिवार मजदूरों के
जूट कारखानों के, लोह कारखानों के

कोई नहीं जानता कब बन्द हो जाएँगी कौन-सी मिलें
किनकी होगी छँटनी, किनकी कटेंगी तनखाहें,
सब रह गए थे घर पर दो-एक दिन फाजिल।

# सौन्दर्य

सड़क के दोनों तरफ
खूब लम्बे पेड़
ऊपर उठकर मिलते हुए
ललाट से सटाते ललाट
छान रहे सूर्य-किरण

जैसे ही आएगी आँधी या बारिश
दौड़ेंगे राहगीर
घण्टियाँ धुनते दौड़ेंगे रिक्शे
दौड़ेगा हाथ में हाथ बाँध सारा परिवार
देखते-देखते सूनी पड़ जाएगी यह राह।

पछाड़ खा रहे हैं अन्धड़ में पेड़
ललाट से ललाट टकराते
मथ रहे हैं बादलों से भरा आकाश

गरजता है गगन
और बिजलियों को देह में सोखने को उद्यत
गरजते हैं धरती की ओर से
ये वृक्ष

ठहरेगा कौन इस राह पर आज
देखेगा कौन इन संघर्षरत वृक्षों का
दुर्द्धर्ष सौन्दर्य ?

# खबर

अखबारों में खबर थी :
कैलिफोर्निया की एक कुतिया ने तेरह बच्चे
एक साथ जने।

अखबारों में खबर थी :
युवराज ने कंगालों में कम्बल बाँटे।

अखबारों में खबर थी :
विश्वसुन्दरी का वजन 39 किलो है।

अखबारों में खबर थी :
प्याज बड़ा गुणकारी होता है।

अखबारों में खबर थी :
राजनेता ने दाढ़ी मुड़ायी।

एक खबर जो कहीं नहीं थी :
किश्ता गौड़[1] को फाँसी हो गयी
एक खबर जो खबर नहीं थी :
भूमैया[2] को फाँसी हो गयी।

---

1,2. किश्ता गौड़ और भूमैया आन्ध्र प्रदेश के नक्सलबन्दी, जिन्हें आपातकाल के दौरान फाँसी दे दी गयी।

# होटल

(1)

सब कुछ यही रहता।
ऐसी ही थाली
ऐसी ही कटोरी, ऐसा ही गिलास
ऐसी ही रोटी और ऐसा ही पानी;
बस थाली के एक तरफ
माँ ने रख दी होती एक सुडोल हरी मिर्च
और थोड़ा-सा नमक।

(2)

जैसे ही कौर उठाया
हाथ रुक गया।

सामने किवाड़ से लगकर
रो रहा था वह लड़का
जिसने मेरे सामने
रक्खी थी थाली।

# मई का एक दिन

मैं टहल रहा था गर्मी की धूप में—
टहल रहा था अशोक पेड़ की तरह बदलता
अतल ताप को हरे रंग में।

वह कोई दिन था मई के महीने का
जब वियतनाम सीढ़ियों पर बैठा
पोंछ रहा था
खून और घावों से पटा शरीर,
कम्बोडिया जकड़ी सिकड़ियाँ खोलता
गृह-प्रवेश की तैयारियों में व्यस्त था
और नीला आकाश ताल ताल में
फेंक रहा था अपनी शाखें।

ऐसा ही दिन था वह मई के महीने का
जब भविष्य की तेज धाह मेरे चेहरे को
तृप्त कर रही थी—
तुमने, वियतनाम, तुमने मुझे दी थी वह ताकत
कम्बोडिया, तुमने, तुमने मुझे दी थी वह हिम्मत
कि मैं भविष्य से कुछ बातें करता
टहल रहा था—
क्या हुआ जो मैं बहुत हारा था
बहुत खोया था

और मेरा परिवार तकलीफों में गर्क था
जब तुम जीते तब मैं भी जीता था।

मैं रुक गया एक पेड़ के नीचे
और ताव फेंकती, झुलसी हुई धरती को देखा—
मैंने चाक पर रखी हुई ढलती हुई धरती को देखा;
और टहलता रहा
टहलता रहा गर्मी की धूप में...

# धरती और भार

भौजी, डोल हाथ में टाँगे
मत जाओ नल पर पानी भरने
तुम्हारा डोलता है पेट
झूलता है अन्दर बँधा हुआ बच्चा
गली बहुत रुखड़ी है
गड़े हैं कंकड़-पत्थर
दोनों हाथों से लटके हुए डोल
अब और तुम्हें खींचेंगे धरती पर
झोर देंगे देह की नसें
उकस जाएँगी हड्डियाँ
ऊपर-नीचे दोलेगा पेट
और थक जाएगा बउआ

भैया से बोलो बैठा दें कहीं से
घर के आँगन में नल
तुम कैसे नहाओगी सड़क के किनारे
लोगों के बीच
कैसे किस पाँव पर खड़ी रह पाओगी
तुम देर-देर तक

तुम कितना झुकोगी
देह को कितना मरोड़ेगी

घर के छोटे दरवाजे में
तुम फिर गिर जाओगी
कितनी कम्जोर हो गयी हो तुम
जामुन की डाल-सी

भौजी, हाथ में डोल लिये
मत जाना नल पर पानी भरने
तुम गिर जाओगी
और बउआ...

## सूर्य-ग्रहण : 1

हंगामा मच गया
अखबारों ने रोज मुखपृष्ठ पर मोटे अक्षरों में
छापा :
आँखें न खोइए
सूर्य-ग्रहण न देखिए

रेडियो, टेलिविजन, जन-संचार के
सारे माध्यमों ने जिन्दगी में पहली बार
जनता की आँखों की सुरक्षा का पूरा भार
अपने कन्धों पर उठाया
और हंगामा मच गया

लोगों ने सुबह ही से दरवाजे जड़ दिए
खिड़कियाँ बन्द हो गयीं
रोशनदानों पर काला कागज साट दिया गया।
और चूँकि मामला आँख की पुतली का था
काफी संख्या में लोग चादर तान सो रहे

लेकिन सिरफिरे तो हर जगह होते हैं
ऐसे समय में जब ब्रह्माण्ड का विराट रंगमंच
डूबा हो फ्लड लाइट में
और एक साथ

सूर्य, पृथ्वी और चन्द्रमा खड़े हों आमने-सामने
कुछ सिरफिरे तो होंगे ही जो आँख बेचकर भी
तमाशा देखें–
ढेर सारे छोटे दृश्यों को देखने से अच्छा है
बस एक बार देखना सौन्दर्य का विपुल पुंज।

# सूर्य-ग्रहण : 2

धीरे-धीरे हो गया सर्वग्रास
पर एक काला गोल पिण्ड
रहा दीप्त
विराजता पूरे आकाश में—
ग्रहण के बावजूद सूर्य ही रहा सूर्य
ग्रहण के बावजूद सूर्य ही होता है सूर्य !

## सूर्य-ग्रहण : 3

बहुत सुन्दर लगेगा सूर्य

धीरे-धीरे गरेगा प्रकाश
और अन्त में रह जाएगी, एक काली पुतली
रोशनी के वर्क में लिपटी,
कभी बस हीरे के नग-सा दमकता सूर्य
कभी मोतियों की माला-सा झिलमिल
कभी गरी की एक फाँक भर उज्ज्वल
और एक क्षण को धरती पर बिछेगी
प्रकाश और अँधेरे से बुनी चटाई

बहुत सुन्दर, बहुत भव्य है ब्रह्माण्ड का यह दृश्य
जो लूट सके सो लूटे।

ऐसी सुन्दरता कौन काम की
जिसके देखे दीदा फूटे ?

# तमसो मा ज्योतिर्गमय[1]

उन्हें रोशनी नहीं चाहिए
बिजली के तार और खम्भे
ट्यूब और बल्ब नहीं
नहीं चाहिए
उन्हें रोशनी नहीं चाहिए

एक अँधेरा जो सब अँधेरे से
बड़ा और घना है
जहाँ रात ही रात है हजारों साल से,
बीहड़ जंगलों
और गहरे कुओं के अँधेरे से भी
बड़ा और घना है
छोटे दिमाग का अँधेरा

आओ
पहले उस अँधेरे को दूर करो
आओ, चलो, अन्धकार से बाहर
प्रकाश की ओर
सूर्य से भी तेज
ज्ञान का प्रकाश

चलो प्रकाश की ओर
ज्ञान की ओर
चलो

1. मध्य प्रदेश के एक गाँव में आदिवासियों ने बिजली लगाने का विरोध किया—एक समाचार।

# जितना दो आँखें

क्या हुआ जो
अलग-अलग हम उगे
अलग फल लगे
अलग फूल कढ़े
पत्ते अलग, टहनियाँ अलग
तुम उठे ऊपर नुकीले
मैंने लिया घेरा हवा में—
क्या हुआ जो बने वृक्ष हम
अलग फलों के

किसी दिन तो कभी तो
बढ़ी होंगी जड़ें अन्दर
और चलकर पिया होगा
एक ही जल-कुण्ड से
जल
कहीं सुदूर पृथ्वी में जब हमारे रोम अन्तिम
मिले होंगे
तब अचानक हिली होंगी फुनगियाँ तक

एक ही तो मूल में हम
एक ही है भूमि-जल-संसार अपना
एक ही अन्तःप्रदेश—
उतने ही अलग
उतने ही एक
जितना दो आँखें।

# फिर वही आवाज

कोई रो रहा है
आज फिर कोई रो रहा है
इतने पास से आ रही है आवाज
लगता है कोई रो रहा है
    मेरी ही पीठ से सटकर

अब आ रहे हैं कटनी के दिन
और छाती तक बढ़ आए धान के पौधे
फिर खोजेंगे उन हाथों को
जिन्होंने कीचड़ में धँसकर रोपा था उनको,
अब आ रही है पूस की अनगिनत लौ भरी धूप
जब तपकर खर हुए फुटबाल के फील्ड
फिर खोजेंगे उन बच्चों को
जिनके तलवों में माँ के दूध की हलचल थी,
अब आ रहे हैं वे ही दिन

वे मजदूर मारे गए
वे बच्चे मारे गए
बोकारो पथड्डा बड़हिया विश्रामपुर
कोई कहीं, कोई कहीं
                वे मारे गए

लगता है कोई दरवाजे के पास है
किसी के पाँवों की थप-थप—
फिर वही आवाज पेचों-सी छेदती
अन्धकार के पटरे
फिर वही आवाज बार-बार...

# ओह बेचारी कुबड़ी बुढ़िया

अचानक ही चल बसी
हमारी गली को कुबड़ी बुढ़िया,
अभी तो कल ही बात हुई थी
जब वह कोयला तोड़ रही थी
आज सुबह भी मैंने उसको
नल पर पानी भरते देखा
दिन भर कपड़ा फींचा, घर को धोया
मालिक के घर गयी और बर्त्तन भी माँजा
मलकीनी को तेल लगाया
मालिक ने डाँटा भी शायद
घर आयी फिर चूल्हा जोड़ा
और पतोहू से भी झगड़ी
बेटे से कहा-सुनी की
और अचानक बैठे-बैठे साँस रुक गयी।

अभी तो चल सकती थी कुछ दिन मजे से
ओह बेचारी कुबड़ी बुढ़िया !

## पृथ्वी किसलिए घूमती रही

जिन्हें कभी जीवन में मिला नहीं
सुख से भोजन दो जून
वे औरतें गाती हैं छप्पन व्यंजनों के गीत !

जिनके बच्चों ने खल्ली भी छुई नहीं
वे माताएँ गाती हैं पढ़े-लिखे पण्डित
दामादों के गीत !

और जिन्होंने आज तक आँख भी खोली नहीं
वे गा रहे हैं सूर्य के महिमा-गान !

किससे माँग रही हैं वे औरतें
सोने की थाली में छप्पनों व्यंजन ?
किससे माँग रही हैं माताएँ
पढ़े-लिखे बेटे-दामाद ?
किससे, किससे वे माँगते हैं
जीवन की ज्योति ?

सूर्य से, सूर्यदेव से
सूर्य-सूर्यदेव से

सूर्य के चारों ओर
घूमती रही जीवन भर पृथ्वी
फिर भी जब चैन नहीं
तो सिर्फ पाँच फेरों से सुनेगा सूर्य कब
इतनी प्रार्थनाएँ
कोई देवी-देव नहीं, कोई सूर्यदेव नहीं
तुम्हीं से पूरी होंगी सारी इच्छाएँ
यहीं इसी धरती पर मिलते हैं
छप्पन व्यंजन
पढ़े-लिखे बेटे-दामाद
और सुख भरा जीवन--
कभी नहीं बदलीं ये छोटी इच्छाएँ
हजारों वर्षों के बाद भी अतृप्त हैं इच्छाएँ
आज भी सबसे बड़ी इच्छा है भरपेट अन्न।

पृथ्वी किसलिए घूमती रही तब इतने दिन ?

## युद्ध-क्षेत्र[1]

गिनो
गिनती सीखो बच्चो
गिनो
पोस्टमार्टम हाउस से निकली
कितनी लाशें

एक दो, नौ दस...कितनी लाशें ?

खड़े रहो यूँ ही कतारबद्ध
सड़क के दोनों तरफ
पेड़ों के नीचे
या अपने घरों के ओटों पर
अभी और भी गुजरेंगी लाशें
इस रास्ते होकर !

मारे गए दस जन
यदुवंशी थे ?
बामन थे ?
छत्री थे ?
नहीं मालूम !
मारे गए दस जन !

---

1. बिहार के जातीय दंगों के बाद।

फेंका है उन्होंने रोटी का टुकड़ा
और टूट पड़े गली के भूखे कुत्ते
एक-दूसरे की गर्दनों पर दाँत पजाते—
एक टुकड़ा रोटी
और लाखों भुक्खड़ !

मारे गए दस जन
मरेंगे और भी
चलेगा युद्ध यह जाने कब तक
मिला है मुफ्त में युद्ध-क्षेत्र
बज रहा है जोरों से ढोल
बज रहा है जोरों से ढोल
ढोल।

# जिद्दी लतर

लतर थी कि मानती ही न थी
मैंने कई बार उसका रुख बदला
एक बार तागा बाँधकर खूँटी से टाँगा
फिर परदे की डोर पर चढ़ा दिया
कुछ देर तक तो उँगलियों से ठेलकर
बाहर भी रक्खा
लेकिन लतर थी कि मानती ही नहीं थी
एक झटके से कमरे के अन्दर

और बारिश बहुत तेज
बिलकुल बिछावन और तकिए तक
मारती झटास

लेकिन खिड़की बन्द हो तो कैसे
आदमी हो तो कोई कहे भी
आप मनी प्लाण्ट की उस जिद्दी लतर को
क्या कहिएगा
जिसकी कोपल अभी खुल ही रही हो ?

# मुक्ति

आज जब पढ़ते-पढ़ाते मैंने तुझे
मारा, मेरे बच्चे
तब क्यों भर गयीं मेरी आँखें
नम क्यों हो गए मेरे नाखून तक ?

तुम रोए नहीं, तुम हिले भी नहीं
बैठे रहे चुपचाप पाँव पर पाँव धरे
और मैंने देखे तुम्हारे उघरे हुए
लम्बे साँवले पाँव।

अब जब सोचता हूँ ठण्डे मन से
अब जब उतरी है बाढ़
देखता हूँ अपने ही अन्दर दुर्गन्ध और
पाँक से
भरी हुई गलियाँ
टूटे मकान, ढही भित्तियाँ
देखता हूँ अपना विनाश।

दोष मेरा ही था
मैंने कभी पूछा नहीं, कैसे हो तुम
जानता भी नहीं था क्या-क्या पढ़ते हो
तुम

और आज जब अचानक देखा मैंने तुम
कुछ भी नहीं जानते
मेरा लड़का कुछ भी नहीं जानता

तब...
सोचो मैं कितना दुखी था
हृदय ने बाँटे थे धमनियों में जो रक्त
आज
वे ही रक्त घोंटते थे हृदय।

दोष लेकिन मेरा भी क्या था
मैं एक रिटायर्ड स्कूल मास्टर
जो सुबह से शाम तक घूमता है यहाँ से
वहाँ

इस-उसके बेटे-बेटियों को ट्यूशन पढ़ाता
बैठता कैसे थोड़ी भी देर खुद अपने बेटे के पास—
जब घर से निकलता, तुम सोए होते
जब लौटता, तुम सोए होते।

चार साल हो गए,
चार साल हो गए अवकाश मिले—
कितना अच्छा था देखना एक भरा हुआ
कमरा

सूर्यमुखी फूलों-सी सैकड़ों आँखें घूमतीं
मेरे साथ
मैं खिच्चा उँगलियों में खल्लियाँ
पकड़ाता—और आज मैं सेवा-मुक्त हूँ, आजाद;
क्या किया मैंने इस जीवन में
सयानी लड़कियाँ, बच्चे, कच्ची गृहस्थी

अभी भी जिन्दगी ढूँढ़ती है धुरी
अभी भी जिन्दगी ढूँढ़ती है मुक्ति
कहाँ अवकाश, कहाँ समाप्ति
अभी ही तो शुरू हुई जिन्दगी
अभी ही तो चरखे में डाली है पूनी।

क्यों उठ गए थे हाथ
आज क्यों उठे मेरे हाथ।

## इसके पहले

इसके पहले कि तुम उगो
ओ बीज
मैंने तुम्हें मिट्टी से ढाँपा था।

इसके पहले कि तुम खिलो
ओ गुलाब
तुम्हारी कलम पर मैंने
थोपा था गोबर।

इसके पहले कि तुम फलो
ओ बैगन की पौध
तुमने खुद ही झाड़े थे
कितने कठफूल।

# दरजिन

सब कुछ सी दूँगो बीबी जी
बेबियों का गरारा जम्पर समीज
आपका ब्लाउज पेटीकोट
सब कुछ सीती हूँ बीबी जी
क्या कोई दर्जी सीएगा वैसा
आप नन्ही की जीजी से पूछ लीजिए
शादी का सारा कपड़ा मैंने ही सिया है
जरा भी नुक्स हो कपड़े का दाम,
अब तो यही काम हो गया है
शौकिया शुरू किया था और अब तो
यही रोजी-रोटी है
शौहर से जुदा हुए दो बरस हो गए
बस दो छोटे बच्चे हैं खुदा की देनी से
और आप लोगों की दुआ है

तो बीबी जी बोलिए कब आवें
जिस वक्त हुक्म कोजिए
सिलाई ? बाहर से आधे पर तो
सीती हूँ बीबी जी, छुपाना क्या है
यह नहीं कि उनसे कम आपसे जादे
जी ? इससे कम ? गुजारा नहीं होगा बीबी जी
सोचिए केतना काम है

टाँकते-टाँकते उँगली फट जाएगी
क्या बेबी जी, क्या कहती हैं ?
नहीं !
नया फैशन का ?
दरजी से ? ठीक है बीबी जी।

## आँधी की एक रात

मेरा मुँह भर गया
मेरी देह सन गई धूल से

आँधियाँ जोरों से दौड़ती आती हैं
चारों दिशाओं से छूटकर
बार-बार मेरे दरवाजे को पत्ते-सा हिलातीं

लगता है कोई पिस रहा है अँटक कर
दरवाजे की फाँट में
रह-रहकर हिल रहा है मेरा घर
खिड़कियाँ दीवारें
आँधियाँ खोद रही हैं
मेरे घर की जड़

बाहर पेड़ों के पत्ते गुत्थमगुत्था हैं
एक-दूसरे में
दूर-दूर तक झर गया है भूरा आकाश
बत्तियों की रोशनी मढ़ दी है धूल ने।

कहाँ होगा मेरा भाई इस वक्त
उसका शरीर गुँध रहा होगा हवा में
वह किसी डोंगी की तरह काट रहा होगा
हवा के भँवर।

हवा हो रही है तेज और तेज
फिर शान्त, फिर तेज।

## डायरी : मार्च '78

### 1. जाल

सरकारी रिपोर्ट थी...
गोली चलने से सिर्फ एक मौत,
वो भी हॉस्पिटल में
तीन दिन बाद,
पाँच हजार मुआवजा
भूल-चूक लेनी-देनी माफ !

कल रात मछुआरों ने डाला था जाल—
आज मछली नहीं, निकली तीन लाशें।

### 2. हाथ

सरकार का कहना है
कारखाने में गोली चली, उसमें
ट्रेड यूनियन का हाथ है,
मारे गए मुसहर, उसमें भी
किसान सभाओं का हाथ है,
विद्यार्थियों के हंगामों में
छात्र-संगठनों का हाथ है

और राज्य में जो भी गड़बड़ी है
सब में कम्युनिस्टों का हाथ है।

हुजूर ने ठीक फरमाया
इस दुनिया के पीछे भी ईश्वर का हाथ है !

### 3. रावण के माथे

एक माथा दूसरे से
दूसरा तीसरे से
तीसरा चौथे से...सातवें से...दसवें से
भिड़ा-टकराया,
हर माथा अलग-अलग बोला
अलग-अलग मुँह फेर ताका
एक-दूसरे को डाँटा
दिशा-ज्ञान बाँटा
जरा भी चली हवा कि माथा
माथे से टकराया
लड़ा-झगड़ा
एक ही धड़ पर आँखें मटकाता

लेकिन अन्दर-अन्दर रावण के ये
दस-दस माथे
रहे सोचते एक ही बात
एक ढंग से एक ही बात
रावण के ये दस-दस माथे।

## निस्पृह

मैंने कल के बारे में कुछ नहीं सोचा
कल के लिए कुछ भी बचाया नहीं
मैंने तो सब कुछ लुटा दिया आज ही खुले हाथ
इन वृक्षों की तरह जिन्होंने झाड़ दिए हैं सारे पत्ते
कभी न सोचा क्या होगा कल
और खड़े हैं बिल्कुल नंगे।

# झरना

पहली ही पहली बार हमने-तुमने देखा झरना
देखा कैसे जल उठता है गिरता है पत्थर पर
कैसे धान के लावों जैसा फूट-फूटकर झर पड़ता चट्टानों पर

कितना ठण्डा घना था कितना जल वह
अभी-अभी धरती की नाभि खोल जो बाहर आया
कौन जानता कितनी सदियों यह पृथ्वी की नस-नाड़ी में घूम
जीवन के आरम्भ से लेकर आज अभी तक
धरती को जो रहा भिगोए
वही पुराना जल यह अपना

पहली ही पहली बार हमने-तुमने देखा झरना—
झरते जल को देख हिला
अपने भीतर का भी
जल।

## अहिंसा और भीख माँगते बच्चे

एक तालाब बहुत सुन्दर भरे कमल दिल में
एक मन्दिर बहुत सुन्दर तालाब के जल में।

यहीं दिया था उपदेश अहिंसा का महावीर तीर्थंकर ने
यहीं इस तपोवन में
अभी भी जीवित हैं चरण-चिह्न चाँदी में कढ़े
लाल पत्थरों में बँधी है शान्ति असीम अपूर्व।

मन्दिर के बाहर खड़े हैं भिखमंगे, भूखे नंगे बच्चे
जैसे ही अन्दर से शान्त पवित्र हो बाहर आप रखते हैं कदम
कि बिल्कुल चील की तरह झपट्टा मारते हैं बच्चे—
भगवान महावीर के नाम पर मारवाड़ी बहुओं ने
लुटाए हैं सिक्के खुले हाथ, खनखनाये हैं कंगन
और एक-दूसरे पर गिरते भहराते लूटने दौड़े हैं बच्चे

शान्ति अजेय ओ अहिंसा अजेय
शान्ति अजेय ओ अहिंसा अजेय।

# एक नवजात बच्ची को प्यार

ओ नन्ही-सी बच्ची
क्या हुआ जो तुम्हें किसी ने चूमा तक नहीं
तुम्हारी माँ मुँह फेर रोती रही रात भर
और तुम्हारा पिता लौट गया बाहर ही बाहर

क्या हुआ जो तुम्हारी दादी ने बधावे नहीं दिए
और उनका यह आँगन पँवरियों की ढोलकों से
    आबाद नहीं हुआ

तुम रोती रही, रोती रही
और किसी ने चूमा तक नहीं

तुम जो अभी-अभी जनमी हो
तुम्हारी यह देह बरगद के टूसे-सी टहक रही है
केशों से भरा यह माथा कस्तूरी-सा
    फेंकता है सुगन्ध

खोलो तुम आँख
देखो
भविष्य अपने दोनों हाथों से सँवारता है तुम्हारा चेहरा
तुम कल के हर बच्चे से सुन्दर और साफ हो

जिस दादी ने जूठन खाकर ही गुजार दी जिन्दगी
जिस माँ ने अपने पति की मार चुपचाप सही
और जिस पिता ने देखा है तिलक दहेज का क्रूर व्यापार
वे कैसे खुश होंगे ?
लेकिन आज वही नहीं है दुनिया उतनी कठोर
जो कल या परसों थी
समय के प्रवाह में
तुम्हारे ही लिए घुल रही है दुनिया

जल्दी-जल्दी बढ़ो मेरी बच्ची
जल्दी-जल्दी।

# अर्पण

लाओ, मुझे दो अपने हाथ
चलो, मेरे पाँवों से चलो
मेरे फेफड़ों से साँस लो
इन कन्धों पर टेक दो अपने हाथ

तुम्हीं ने तो रोपा हमें
तुम्हारा ही रक्त तो अंकुर रहा
हमारी धमनियों में
तुम्हीं तो झाँक रहे हो
हमारे इस चेहरे में
अनेक अधूरी इच्छाओं ने तुम्हें
दिलाया है हममें विश्वास।

तुमने चाहा हमेशा
हमें दुख न हो
नहीं जान पायें हम
तकलीफ का नाम
सारे दुख ओढ़ लिये अपने माथ
लोक लिया हमें फूल पान-सा
हम पान-सा पसरे
हम फूल-सा खिले तुम्हारे उर्वर शरीर में

तुम्हीं ने तो अपनी साँसें सँजोकर
बनाये कई-कई वायुमण्डल हमारे वास्ते
तुम्हीं तो खींच लाये हो सारा संसार
हमारी आँखों के इतना पास
फिर तुम्हारी ही आँखें खोलेंगी राहें
जब कभी रास्तों की गिरह पर खड़े होंगे हम
ये सारी लत्तरें नबोज लत्तरें
पाएँगी आसरा तुम्हीं जर्जर छानियों छप्परों का

एक ही तो हैं हमारे लक्ष्य
एक ही तो है हमारी मुक्ति
साथ-साथ मिलकर चलेंगे हम
जहाँ गिरोगे तुम
वहीं रहेंगे हम
जहाँ झुकोगे तुम
वहीं उठेंगे हम
लाओ, मुझे दो अपने हाथ
चलो, मेरे पाँवों से चलो

## ईर्ष्या

सचमुच विश्वजीत
मुझे तुम्हारा यह ऐश ट्रे बहुत पसन्द है
बिल्कुल पॉपी के फूल की तरह
खिल रहा है तुम्हारे टेबुल पर
      सचमुच

कल न्यूट्रॅान बम गिरेगा
हम तुम सब मर जाएँगे
सब कुछ नष्ट हो जाएगा
फिर भी इस टेबुल पर इसी तरह चमकता रहेगा
      शान से यह ऐश ट्रे

आज मुझे
इस ऐश ट्रे से ईर्ष्या हो रही है
मुझे ईर्ष्या हो रही है।

## हम यहीं रहते हैं

हम यहीं रहते हैं
कई गलियों नालियों के बीच
हम रहते हैं इसी घर में

गली चलकर घुस आती है इसमें
और लम्बा गलियारा
पतली तनी हुई गर्दन में अँधेरा ठूँसे
ढकेल देता है
हमारे पैरों को
भुसकी-से कमरे में।

कई लोग रहते हैं अगल-बगल
एक-एक कोठरी में एक-एक परिवार
और यह है मेरी छोटी-सी कोठरी
जिसकी दीवारों ने
शीत चूस लिया है जमीन से
इन पर कई बरसों के टँगे हैं कैलेण्डर
छठ की पूजा के लाल आरते
दरवाजे के मुँह पर सटे हैं
और अँधेरा धीरे-धीरे
चढ़ रहा है दीवारों पर।

ओसारे में सुलगते-हाँफते दमचूल्हे का धुआँ
हमें हर सुबह हर शाम
अपनी गमछियों में कसकर
बाँध लेता है
और हवा कभी हमारे रोयें
नहीं फहराती।
हमारा यही घर है किराए का
हमें दूसरा कोई मकान नहीं

हमें कोई जमीन नहीं
हमारा यही घर है
हम सब यहीं रहते हैं
एक-दूसरे में गुँथे हुए
हम यहीं रहते हैं।

# वे और हम

कितने आजाद हैं वे लोग
जो रीठे के खोल में सूखी गुठली-सा
बज रहे हैं लगातार निर्द्वन्द्व
उन्हें छुएगी कौन हवा
उन्हें कहे कौन कि एक हाथ है बाहर
जो उन्हें बजाता है बार-बार

उन्हें कहे कौन कि गति उनकी
उसी अदृश्य हाथ की गति है।
मैं कहाँ हूँ उतना आजाद
मैं उतना ही बँधा हूँ जितना आजाद
मैं गर्भ में पलते बच्चे-सा
बँधा हूँ
आजाद हूँ
मुझमें साँस बन रही है हर हवा।

# अपील[1]

हम देश के सबसे बड़े नेता को
अपने सबसे प्रिय नेता को
सबसे महत्त्वपूर्ण नागरिक को
देगे सबसे बड़ा सम्मान
अजूबा अभूतपूर्व नागरिक सम्मान—
फूल से नहीं
सोने-चाँदी से नहीं
सिक्कों से नहीं
हम उन्हें खून से
जी हाँ खून से तोलेंगे

आइये आप भी आइये
आइये भाइयो बहनो
चाहिए हमें एक-एक आदमी का खून
एक-एक आदमी का खून
आदमी का खून
खून
जयहिन्द !

1. अखबारों में प्रकाशित एक सामाचार पर आधारित।

# टेलीफोन के तार

कहाँ से फट फट कर गिरती हैं ध्वनियाँ ?
तने हुए तार टेलीफोन के
धुनते जाते हैं हवा वादियाँ।

तने रहें फैले रहें
टेलीफोन तारों-से हम
खेतों मैदानों सड़कों खानों पर
पानी में भीगते
बर्फ से ढँके
धूप में चिलकते
आँधियों तूफानों में झनझनाते
    ध्वनियों से भरे रहें हम

ढोते रहें ध्वनियाँ
ढोत रहें सैकड़ों आवाज़ें
इसी तरह इसी तरह
इसी तरह इसी तरह
जोड़ते रहें गाँव गाँव
    शहर शहर
    आदमी आदमी।

# करमा का गीत

चाँदनी में हिलती है परछाईं
कन्धों से कन्धों पर बँधते हैं हाथ
बँधती है पंखुड़ी से पंखुड़ी
जल की धार-सा फूटता है
एक साथ कण्ठों से राग

चौहट पारती हैं टोले की लड़कियाँ
उठते हैं स्वर
छितराती हैं धरती पर
राई-सी पाँवों की थाप

आज इस भादो एकादशी को
चाँदनी रात में
लगा जाती है बहन मेरी
सोच भरे ललाट पर रोली का टीका।

## एक रात घाट पर

सूर्य डूब रहा है।

भारी है पश्चिम स्थान
    सूर्य डूब रहा है।

धीरे-धीरे शाखों के बीच
पत्तों के बीच
जल और धरती आसमान के बीच
एक एक आदमी के बीच
    भर रहा है अन्धकार
सारा संसार अन्धकार की कसी गिरह।

ठण्डक बढ़ रही है धीरे-धीरे
गर्दन सिहराती
उठती है हवा कभी कभी
जल के तल को झुकाती उठाती,
मलकती है नदी।

तुम इतने पास हो मेरे
कि रोम से बस छू रहे हैं रोम,
मैंने देखा तुम्हें
घने अन्धकार में भी, हर देह का होता है

अपना आलोक।

कितना अच्छा है रात-भर जग कर
सूर्य को उगते हुए देखना
देखना अन्धकार की खुलती गिरह।

## वृद्धि

कोई अन्धा बूढ़ा
टो रहा है उस लड़के की देह
जिसे बचपन में छू छूकर देखा था उसने
और हाथ फिर ठिठके हैं जाकर
वहीं
उन्हीं ऊँचाइयों तक
    छाती तक।

खिलखिलाता है जवान लड़का
और उठाकर ले जाता है काँपते हाथों को
ऊपर बहुत ऊपर
    माथे पर, केशों पर—
ललकती उँगलियाँ थम थम कर छूती हैं
    पलकें ललाट।

सहसा किन्हीं चक्कों में फँसते हैं हाथ—

तुम जवान हो गये हो बहुत
लेकिन तुम्हारे गाल भरे तो नहीं हैं
तुम्हारी आँखें धँसी क्यों हैं
चेहरा इतना ठण्डा क्यों है ?

## भूसी की आग

जाड़े की रात थी
मिट्टी की बोरसी में धान की भूसी की
थोड़ी सी आग थी
आग के ऊपर
एक-दूसरे के तर-ऊपर
कई जोड़े हाथ थे
अपने को सेंकते,
तभी किसी बच्चे ने
लोहे की सींक से आग उकटेरी
और धाह फेंकती लाल आग
को देख कर सबने सोचा—
भूसी की आग भी बड़ी तेज होती है।

# गंगा को प्यार

देर तक बैठा रहा
गंगा किनारे

ग्रीष्म का नीला आकाश
कुछ ज्यादा ऊपर उठा हुआ
और हवा बस इतनी कि
भरा लगे सब कुछ

दूर एक फूल हुआ पाल
जैसे शेष हवा ने लिया हो आसरा वहीं।

कभी कभी कोई पक्षी
जल की सतह को लगभग
छाती से छूता निःशब्द
मुड़ता है वापस,
कोई गाय, सम्भल कर
पाँव टिकाती
उतरी जल पीने
और नथुनों के नीचे
हिल गयी गंगा !

असम्भव
असम्भव है सोचना—
जिनकी मिट्टी गंगा-पानी से गुँथी है

उनके लिए असम्भव है सोचना कि एक दिन
गंगा के ऊपर उड़ता हुआ पक्षी
विष की धाह से झुलस जायगा
कि एक दिन गंगा
नहीं रहेगी और फिर गंगा—
वे रख आए हैं गंगा के द्वार पर विषपात्र।

षड्यन्त्र
गंगा के साथ भी षड्यन्त्र
हिमालय के साथ
पृथ्वी नक्षत्र समस्त मण्डल के साथ

ओ विराट गंगा
ओ माँ के दूध में बसी हुई गंगा
तुम्हारे ही किनारे शुरू हुआ जीवन
पहला स्नान यहीं हुआ
अन्तिम स्नान भी यहीं
तुम्हीं रही प्रवाहित आदि मानव से
आज तक
अनन्त धमनियों में
विशाल आँख-सी तुम्हीं रही देखती
हमारे सारे सुख-दुख,
ओ विराट गंगा
जीवन का अनन्त सूत अजस्त्र
गुँथता रहे तुममें हर वृक्ष का
हर पुष्प निर्बाध !

आज मैंने जाना
जो आदमी को प्यार नहीं करते
उनकी कोई गंगा नहीं
कोई मातृभूमि नहीं
कोई अपना तारा नहीं।

## स्नान-पर्व

कोई नहा रहा है
वह नदी की काली मिट्टी से
पीठ की मैल को फोड़ता है
वह अपने बढ़े नाखूनों से
खोद खोद कर
नदी के अंग से
मिट्टी उठाता है मुट्ठी में
और मल-मल कर
नहाता है
छपछपाकर पानी में
    डूब-डूब कर

चाहता है रोक ले
अपने शरीर में बाँध ले
पानी की धार
वह हाथ फेंकता है
शरीर सोंटता है
धोता है अपना रक्त
जी भरकर इस खुले जल में
    वह नहाता है

हर बार हर डुबकी पर
उठ-उठ कर आता है
नया नया जल
कैसा स्वाद है इस जल में
कितने संसारों की मिट्टियों की गन्ध
    है यहाँ

कितनी वेगवान हैं
चक्कर खाती दौड़तीं
धारों पर धारों की परतें
और सटी है जमीन से
पानी की निचली धार
शान्त चुपचाप जैसे कोई लत्तर

वह डूबता है, डुबकी लगाता है
डूब-डूब कर गायब हो जाता है
नदी के कज्जल जल में
साँस रोके फेफड़ों को खींचते
खींचता है जमीन से सटी वह धार
    वह जड़

और फिर सहसा
पानी की सतह को फोड़कर
ऊपर सीढ़ियों की तरह
छहलाती है
उसकी साँवली पीठ
बीच में रीढ़ की हड्डी
किसी रस्सी-सी
बाँधती है उसका शरीर
हवाओं से जल से जीवन से
वह हिल कर झुक कर

दर्द से फट कर
मजबूत करती है जीवन से नाता
वह बढ़ता है
नदी के बीच में वह
    बढ़ता जाता है
और जल में
गुम हो जाता है

धो लेने दो
मल-मल कर साफ कर लेने दो
नदी की काली मिट्टी से
देह की मैल
नदी, तुम अपनी धार को
लटाई पर लपेटे धागे-सा ढील दो
पटा दो उस मजदूर का शरीर
उस खेत को पटा दो।

# असंवैधानिक मौत

वह आदमी
बीच सड़क पर
औंधे मुँह पड़ा था
और गुबड़ियों में
अँटके जल को
अपनी रुखड़ी सफेद जीभ से
चाट रहा था।

मैंने इसके पहले कभी नहीं देखा था
किसी को भूख से मरते
मैंने सोचा भी नहीं था
कि आदमी का पेट पिचक कर
सिर्फ सूखा पत्ता भी बन सकता है
और मृत्यु यों बीच सड़क पर
सौ आदमियों के बीच हो सकती है।

यह कितनी अजीब बात है
कि आदमी पीपल के सूखे पत्ते की तरह
लोकतन्त्र और समाजवाद
दो पन्नों के बीच सुरक्षित है।

मैंने उसकी आँखों को देखा
उसके चेहरे को
वृक्ष की टहनियों की तरह स्पष्ट
सूखी नसों और उन झुर्रियों को
जिनके लिए सिर्फ यही एक विशेषण
मिला था मुझे—जमीन से उखड़ी हुई रेशेदार जड़ें।

कई लोगों ने कहा—
उसने शराब पी है
भूख और शराब...
लेकिन गन्ध नहीं थी शराब की
गन्ध थी बीज की तरह फटी आँखों, फटे होठों, फटी नसों
और चार रोज से खाली अँतड़ियों में
हुक्के की तरह गुड़गुड़ाती
फेफड़ों से आयी एक फेफड़ा हवा की।
...तब तक मैंने देखा
जमीन पर टिकी हथेलियों पर
बल देकर वह उचका
और आँखों को रबर की तरह खींचते हुए गर्दन ऊपर उठाई
सिर्फ एक आवाज हुई सूखे फल के फटने की—
वह आदमी बरछे की तरह जमीन पर पड़ गया था।

## उड़ी एक चिड़िया

उड़ी एक चिड़िया
पंख झटकारते उठी
दूर बहुत दूर ऊपर आकाश में
    उड़ी एक चिड़िया–
        सूर्य की ओर

अभी अभी यहीं थी
मेरी ही थाली से उठाया था दाना

धीरे धीरे रह गया एक अग्नि-पंख
वह सूर्य बन गयी।

# एक रात की ठण्डक

कितनी ठण्डक है आज
सारी सड़कें पड़ी हैं खाली
कहीं किसी छोर पर कभी कभी
उभरते हैं एक दो लोग
और कुछ तेज आवाजें छोड़ते जाने कहाँ
    गुम हो जाते हैं
कभी कोई कार तेजी से हवा चीरती
एकदम सन्-से निकलती है
कितनी ठण्डक है आज !

फुटपाथों के किनारे
दूकानों के आगे
तीखी हवा कोड़ रही है
काँपते शरीरों को
आवारा कुत्ते बिल्कुल गठरियों-से
पड़े हैं कोने-दरबों में—
हवा के पैर खुल गये हैं आज।

जाग रहा है दतवनवाला बूढ़ा
बोरसी की मुरझायी आग में
अपनी छाती डुबाये
शीत लहरी से पटा रहा है

हकराते जर्जर फेफड़े
रिक्शों के मुँह एक दूसरे में सटे हैं
कभी कभी हिलती हैं पहियों की जड़ें।

इतना सन्नाटा है चारों ओर
इतना अन्धकार
मैं हथेलियों में मुँह बाँधे
बढ़ रहा हूँ
साँस गरमा रही है हथेलियाँ
यह ठण्डी पाला हवा आती है गर्म होकर
मेरे कमजोर फेफड़ों से।

## फिर से

धीरे धीरे उतरी है बाढ़
फिर उभरी आ रही है मेंड़ें
    खुले आ रहे खेत घर द्वार
फिर से मसूड़ों में उग रही है दाँत की पाँत।

दह गये थे धान के खेत
घरों में भरा था बाढ़ का पानी
यहाँ से वहाँ तक बची थी बस पाँक

पता नहीं कौन-सी कोख में
    बचा हुआ जीवन
फिर से फेंकता है कंछा
फिर से अपनी जमीन पर लौट रहे हैं लोग-वाग
लौट रहे हैं पशु-पक्षी
लौट रहा है सूर्य
लौटा आ रहा है सारा संसार
    इस प्रलय के बाद।

## उर्वर प्रदेश

मैं जब लौटा तो देखा
पोटली में बँधे हुए बूँटों ने
फेंके हैं अंकुर।

दो दिनों के बाद आज लौटा हूँ वापस
अजीब गन्ध है घर में
किताबों कपड़ों और निर्जन हवा की
फेंटी हुई गन्ध

पड़ी है चारों ओर धूल की एक पर्त्त
और जकड़ा है जग में बासी जल

जीवन की कितनी यात्राएँ करता रहा यह निर्जन मकान
मेरे साथ
तट की तरह स्थिर, पर गतियों से भरा
सहता जल का समस्त कोलाहल–
सूख गए हैं नीम के दातौन
और पोटली में बँधे हुए बूँटों ने फेंके हैं अंकुर
निर्जन घर में जीवन की जड़ों को
पोसते रहे हैं ये अंकुर

खोलता हूँ खिड़की
और चारों ओर से दौड़ती है हवा
मानो इसी इन्तजार में खड़ी थी पल्लों से सट के
पूरे घर को जल भरी तसली-सा हिलाती
मुझसे बाहर मुझसे अनजान
जारी है जीवन की यात्रा अनवरत
बदल रहा है संसार

आज मैं लौटा हूँ अपने घर
दो दिनों के बाद आज घूमती पृथ्वी के अक्ष पर
फैला है सामने निर्जन प्रान्त का उर्वर-प्रदेश
सामने है पोखर अपनी छाती पर
जलकुम्भियों का घना संसार भरे।

## भाग्य-फल

मैंने आज ज्योतिषी को देखा
बीच बाजार में
मैंने आज शहर के सबसे बड़े ज्योतिषी को
कुँजड़िन से मोल-भाव करते देखा
दो कौड़ी की मामूली कुँजड़िन से
बस दस पैसे के वास्ते मुँह लगाते देखा
और कुँजड़िन भी कितनी मुँहपट थी
एक न छोड़ी
सरे बाजार लूट ली लंग

बेचारा ज्योतिषी
आज यही लिखा था भाग्य में !

## कल्याणी

कल्याणी ! कल्याणी !
आया है मेरा मँझला भाई
उसी से होगी तेरी शादी कल्याणी।
देख ले लड़का, है न पसन्द ?

हँसती है छोटी बहू
और हँसता हुआ भाई रगड़ता है गमछे से पीठ—
    "हाँ, कल्याणी !"

टप टप देह से चूता है पानी।
कल्याणी बैठी है चूल्हे के पास
भीगी लकड़ी से उठ रहा है गाढ़ा धुआँ
फिर भी इतनी शान्त और स्थिर
जैसे धूल भरे पत्तों के बीच खीरे का पीला फूल
    ताकता एकटक आकाश।

जब भी आया कोई भाई किसी बहू का
यही होगा
सब से होगा कल्याणी का ब्याह तय
मजाक का रिश्ता जो ठहरा—
बचपन से रह गयी इस घर में कल्याणी
बच्चा खेलाती, खाना बनाती, सोहर गाती, बेना डोलाती।

कल्याणी ने लड़के को देखा किनारे से
और तन तन सिहरी
जैसे आकर खड़ा हुआ बीच दोपहर
    कोई बटोही जवान।
और वृक्ष की पत्तियाँ सिहरीं।
कल्याणी ! कल्याणी !

कल्याणी कुछ नहीं बोलती
कल्याणी कुछ नहीं बोलती
क्या सच क्या मजाक,
    कल्याणी ?

# प्रस्ताव

कल क्यों ?
आज क्यों नहीं ?

यह मत समझो
हमारे लिए आएगा कोई दिन
    इससे अच्छा
कल या परसों

आज तो कम से कम हम घूम सकते हैं
    सड़कों पर साथ साथ
आज तो कम से कम मेरे पास एक कमरा है
    किराए का
और जेब में कुछ पैसे भी हैं
हो सकता है कल का दिन और भी खराब हो
इस सूखे रेत को पार करते करते कौन जाने
बाढ़ में डूब जाय सोन का यह पाट

कल खाली थीं बन्दूकें
आज उनमें गोलियाँ भरी हैं
कल फिर वे खाली हो सकती हैं

कल क्यों ?
आज क्यों नहीं ?

# खुशबू रचते हैं हाथ

कई गलियों के बीच
कई नालों के पार
कूड़े करकट
के ढेरों के बाद
बदबू से फटते जाते इस
टोले के अन्दर
खुशबू रचते हैं हाथ
खुशबू रचते हैं हाथ।

उभरी नसों वाले हाथ
घिसे नाखूनों वाले हाथ
पीपल के पत्ते-से नए नए हाथ
जूही की डाल-से खुशबूदार हाथ
गन्दे कटे-पिटे हाथ
जख्म से फटे हुए हाथ
खुशबू रचते हैं हाथ
खुशबू रचते हैं हाथ।

यहीं इस गली में बनती हैं
मुल्क की मशहूर अगरबत्तियाँ
इन्हीं गन्दे मुहल्लों के गन्दे लोग
बनाते हैं केवड़ा गुलाब खस और रातरानी